JN422571

마태의 비교

지저스 리포트

지티엠·다세연 공동개발

청소년을 위한 본문별 성경공부

1

마태의 비교

지저스 리포트

gtm • 다세연 공동개발

JESUS REPORT

gtm

으쌰! 팀빌딩 10분 이내

우리는 예수님을 알아가고 닮아가려는 한 가지 목표를 가진 팀입니다. 하나님은 두 세 사람의 팀이 모일 때 함께 하시고 팀이 사랑할 때 기뻐하시고 팀이 기도할 때 응답하십니다. 팀 빌딩 시간은 팀원이 서로 알아가고 서로 배우고 서로 힘을 합쳐 미션을 수행함으로 지저스 원 팀으로 세워지는 시간입니다.
팀빌딩의 내용은 청소년 전문 연구기관인 다세연에서 제공합니다.

아하! 바이블 15분 이내

성경은 인생이라는 집을 세우는 가장 완전한 벽돌입니다. 아하! 바이블 시간은 성경 1장을 통해 우리를 향한 하나님의 뜻이 무엇인지를 살피는 시간입니다. 먼저 성구의 괄호를 채우고, 요약의 괄호를 채워보세요. 요약 훈련은 글에 대한 이해력을 높이는 가장 좋은 방법입니다.

요약 괄호에 들어갈 정답은 반드시 설명에서 사용한 단어입니다.

아자! 라이프 10분 이내

요약 모음으로 배운 내용을 복습한 후, 팀원들과 받은 은혜를 나누고 짧은 묵상을 통해 마음에 새김으로, 말씀의 벽돌로 삶을 세울 수 있도록 돕는 단계입니다. 말씀을 듣고 순종하는 자는 반석 위에 집을 짓는 자 같아서 처음에는 느리지만 무너지지 않는 아름다운 인생의 집을 세우게 될 것입니다.

* 인도자용 교안은 홈페이지에서(www.gtm.or.kr) 확인하실 수 있습니다.

CONTENTS OF JESUS SERIES 1

마태복음

*지저스 리포트 시리즈는 개역개정판 성경을 사용하고 있습니다.

마태복음은 세금징수원이었던 마태에 의해 기록된 복음서입니다.
로마식민지 상황이었던 당 시대에 세리는 민족의 반역자이자 백성들의 착취자로 낙인 찍혔으며, 종교적으로도 죄인 취급을 당하는 직업이었습니다.
하지만 세리 마태의 마음속에는 아무도 알아채지 못했지만, 누구보다 강렬한 구원을 향한 갈망이 있었습니다. 이 때문에 그는 구약성경을 많이 읽었으며, 메시야에 대한 예언들을 잘 알고 있었습니다. 그러던 중 마태는 예수님의 소문을 듣게 되었고, 그분에게 메시야 예언이 하나하나 맞아 들어가는 것을 깨닫는 전율을 느끼게 되었습니다.
하지만 세리 주제에 자기가 그분께 나아간다는 것은 꿈도 꿀 수 없는 일이었습니다. 그런데 바로 그 예수가 자기가 일하는 세관 책상머리까지 찾아오셔서 "나를 따르라"는 단 한마디 말씀으로 그의 영혼의 소원을 일깨워 놓았습니다.
사실 다른 복음서의 저자들은 세리 마태의 이름을 프라이버시를 위해 '레위'라는 가명으로 부르는데 비해, 당사자인 마태는 자기가 쓴 복음서에서 실명을 밝히고 있습니다. 이것은 자기가 예수님의 제자가 된 것에 대해 얼마나 감격하고 있었는지를 분명하게 보여줍니다. 그리고 소명을 받아들인 레위는 자기의 직업적 특기인 꼼꼼한 자료정리를 성경을 기록하는데 유용하게 선용하게 되었습니다.
마태복음의 주된 목적은 구약성경을 가지고 있는 유대인들에게, 예수님이 구약성경에서 예언된 바로 그 메시야라는 사실을 알려주는 것입니다.

또한 마태복음에서는 예수님의 족보가 유대인의 조상인 아브라함에서부터 시작되고, 예수님의 지상사역목표가 '이스라엘 집의 잃어버린 양을 구원하기 위함'이라고 밝히기도 합니다.

하지만 마태복음이 유대 우월주의를 말하는 것은 아닙니다. 마태복음은 구약의 참뜻을 이해하지 못함으로 메시야까지 배척한 유대인들에 의해 복음이 도리어 이방민족에게 확장될 것임과 유대인의 혈통공동체가 교회라는 믿음의 공동체로 대체될 것도 선포합니다.

마태가 구약을 강조하는 중요한 한 가지 이유는 율법이 예수님에 의해 폐지된 것이 아니라 완성된 것임을 강조하기 위함이기도 합니다(마 5:17-20). 하지만 마태는 예수님께서 율법을 완성하시는 방편이 은혜임도 잊지 않고 있습니다. 사실 율법을 깨트린 우리가 율법을 지킨 자로 인정받을 수 있는 것은 오직 예수님의 은혜 때문입니다. 또한 그는 율법의 완성이 재림을 통해서 이루어질 것을 천국비유를 통해 많이 강조하고 있습니다.

마태복음의 또 하나의 핵심단어는 제자입니다. 마태복음에는 '제자'라는 단어가 다른 복음서에 비해 월등히 많이 나타나고 있으며, '제자를 삼다'라는 문장은 오직 마태복음에서만 등장하고 있습니다.

권지현

성경의 약속대로 오신 예수님

01

마태복음 1장

으쌰! 팀빌딩

Best of Best story

1. 여러분이 실제로 경험했거나 누군가를 통해 들은 약속을 지키는 것과 관련된 감동적인 스토리를 나눠보세요.

2. 함께 나눈 이야기 중 Best of Best story를 뽑아 본다면?

오늘 본문은 하나님의 구원약속을 이루기 위해 오신 예수님의 족보에 담긴 의미에 대한 내용입니다.

먼저 마태복음 1장을 펴 놓으세요.

1. 약속을 이루기 위해 오신 예수님

성구 1 ____ 과 ____ 의 자손 예수 그리스도의 계보라

마태는 예수님의 족보의 제목을 아브라함과 다윗의 자손 예수 그리스도의 계보라고 요약하고 있습니다.

아브라함은 "네 씨로 말미암아 천하 만민이 복을 받으리라"라는 약속을 받았던 영적 조상입니다. 그리고 다윗은 "왕위와 나라가 하나님 앞에서 영원히 보전되리라"는 보장을 받았던 가장 위대한 왕입니다. 그러므로 마태는 예수님이 아브라함에게 약속하신 천하 만민에게 임할 복과 다윗에게 보장하신 영원한 나라를 성취하시기 위해 오신 그리스도라고 선포하고 있는 것입니다.

요약 예수님은 아브라함에게 약속하셨던 ____ ____ 에게 임할 ____ 과 다윗에게 보장하셨던 ____ ____ 를 성취하기 위해 오신 그리스도이십니다.

2. 죄인에게서 오신 예수님

성구 3 유다는 ____ 에게서 베레스와 세라를 낳고 베레스는 헤스론을 낳고 헤스론은
람을 낳고 4 람은 아미나답을 낳고 아미나답은 나손을 낳고 나손은 살몬을 낳고 5 살몬은
____ 에게서 보아스를 낳고 보아스는 ____ 에게서 오벳을 낳고 오벳은 이새를 낳고 6 이
새는 다윗 왕을 낳으니라 다윗은 ____ ____ 에게서 솔로몬을 낳고

일반적으로 족보는 가문의 영광을 드러내는데 그 목적이 있기에 부끄러운 일을 했던 사람은 제거하는 경향이 있습니다. 그러나 예수님의 족보는 남자만 기록

하는 당시의 기록 방식과는 달리 여인들의 이름이 자주 등장하고 있는데, 이들은 한결같이 문제가 많은 여인들이었습니다. 다말은 남편이 죽은 후에 시아버지였던 유다를 통해 자녀를 낳은 여인이었으며, 라합은 여리고의 기생 출신이었고, 룻도 모압 출신 이방여인이었으며, 솔로몬을 낳은 밧세바 역시 다윗이 부하장군에게서 강제로 빼앗은 아내였습니다. 이처럼 마태가 예수님의 족보에서 부끄러운 역사를 감추지 않은 것은 예수님께서 우리와 똑같이 죄인의 가정에서 오셨음을 보여주기 위함이며, 또한 이 같이 많은 죄악이 하나님의 구원약속을 좌절시킬 수 없고 그대로 이루어짐을 보여주기 위함입니다.

요약 예수님은 우리와 똑같이 □□□ □□ 을 통해 오심으로 우리의 많은 죄악이 하나님의 □□□□ 을 좌절시킬 수 없음을 보여주셨습니다.

3. 그루터기에서 나신 예수님

성구 16 야곱은 마리아의 남편 □□ 을 낳았으니 □□□ 에게서 그리스도라 칭하는 □□ 가 나시니라

11-17절에는 바벨론 포로기와 귀환기의 14대 족보가 소개되고 있습니다. 이 시기는 예루살렘 함락 후 600년 동안 다윗의 왕가가 몰락한 시기였으며 요셉과 마리아는 가장 가난한 빈민층이 되어 있었습니다. 하지만 이들은 하나님의 약속을 그대로 믿고 그대로 순종하는 거룩한 그루터기였습니다. 예수님은 이처럼 미천해진 다윗 가문의 그루터기에서 오셔서 암울한 역사를 영광스러운 역사로 바꾸어 주신 분이십니다.

요약 하나님의 □□ 을 그대로 믿고 그대로 순종하는 거룩한 □□□□ 는 예수님께서 일하실 수 있는 가장 중요한 통로입니다.

요약 모음

- 예수님은 아브라함에게 약속하셨던 천하 만민에게 임할 복과 다윗에게 보장하셨던 영원한 나라를 성취하기 위해 오신 그리스도이십니다.
- 예수님은 우리와 똑같이 죄인의 가정을 통해 오심으로 우리의 많은 죄악이 하나님의 구원계획을 좌절시킬 수 없음을 보여주셨습니다.
- 하나님의 약속을 그대로 믿고 그대로 순종하는 거룩한 그루터기는 예수님께서 일하실수 있는 가장 중요한 통로입니다.

나눔 오늘 내용을 통해서 새롭게 알게 되었거나 결심한 바가 있으면 나누어 봅시다.

오늘 공부한 내용을 기억하면서 주중에 마태복음 1장 전체를 읽어 봅시다.

짧은 묵상

18세기 프랑스의 합리주의 학자였던 볼테르는 생전에 하나님이나 천국, 지옥은 실재하는 것이 아니며 성경은 우스운 신화 취급을 받게 될 것이라고 주장해 유명해졌다.

하지만 그에게 죽음이 다가오자 의사에게 목숨을 살려 달라고 비참하게 애걸했고 임종 순간에는 이렇게 절규했다. "아! 나는 하나님과 사람에게서 버림받은 채 지옥으로 떨어지는구나."

볼테르가 죽은 지 정확히 100년 후 스위스 제네바에 있던 그의 저택은 성경을 인쇄하는 성경 공회 인쇄소로 사용하게 되었다.

예수님의 탄생 때에 일어난 사건

02

마태복음 2장

으쌰! 팀빌딩

행복을 전염시키는 작은 선물

1. 어떤 작은 선물로 팀원들에게 행복을 전염시켜줄 수 있을지 생각하고 나누어 보세요.

(칭찬문자, 격려 성경구절, 유머가 담긴 메시지, 사랑의 이모티콘, 전화 통화, 깜짝 선물 등등)

2. 한 주간동안 서로 행복을 전염시키는 배달부가 되어 팀원들을 기쁘게 해 주세요!

오늘 본문은 위기가 있었지만 아름다운 마음이 담긴 귀한 선물을 안전하게 전달한 사람들의 이야기입니다.

먼저 마태복음 2장을 펴 놓으세요.

1. 동방박사의 예물

성구 11 집에 들어가 아기와 그의 어머니 마리아가 함께 있는 것을 보고 엎드려 아기께 경배하고 보배합을 열어 ☐☐ 과 ☐☐ 과 ☐☐ 을 예물로 드리니라

예수가 나셨을 때 제일 먼저 그분의 탄생을 축하하기 위해서 온 사람은 언약의 후손인 유대인이 아니라 멀리 동방으로부터 별을 보고 온 박사들이었습니다. 이것은 인류가 노아 홍수 이전까지 동일한 역사를 가지고 있었기 때문에 메시야로 말미암는 구원에 대한 동일한 갈망이 있었음을 보여줍니다. 그들은 아기에게 몸을 굽혀 경배하고는, 준비한 예물들을 바쳤습니다. 황금은 보통 왕께 바치는 예물이었으며, 유향은 제사장이 제사에서 사용하는 물품이며, 몰약은 죽은 자의 시체에 바르는 기름으로, 이것은 각각 예수님께서 온 인류의 왕과 제사장과 속죄제물이 되심을 암시하는 것입니다.

요약 예수님은 온 인류의 ☐ 과 ☐☐☐ 과 ☐☐☐☐ 로서 오신 메시야이십니다.

2. 예루살렘의 소동

성구 2 ☐☐☐☐ ☐ 으로 나신 이가 어디 계시냐 우리가 동방에서 그의 별을 보고 그에게 경배하러 왔노라 하니 3 헤롯 왕과 온 예루살렘이 듣고 ☐☐ 한지라

교만한 헤롯 왕은 유대인의 왕으로 나신 이를 찾는다는 동방 박사들의 말을 듣고 엄청난 충격을 받게 되었습니다. 또한 헤롯에게 빌붙어 영화를 누리던 욕심

많은 종교지도자들 역시 박사의 말 앞에서, 왕권교체와 관련되어 일어날지도 모르는 피비린내 나는 정변을 예감하며 동요했습니다. 구약성경을 가지고 있던 그들은 헤롯의 질문에 즉각 메시야 탄생지로 베들레헴을 지목할 정도로 메시야와 가까이 있던 자들이었습니다. 하지만 정작 메시야가 왔을 때 소동하고 있는 모습은 그들이 실상 메시야로부터 가장 멀리 떨어진 자들임을 보여주고 있습니다.

요약 □□하고 □□ 많은 자들은 □□을 가지고 있어도 예수님으로부터 가장 멀리 떨어진 사람입니다.

3. 빛의 인도를 받는 사람들

성구 10 그들이 □을 보고 □□ □□ 기뻐하고 □□하더라

헤롯은 아기의 개월 수를 가늠하기 위하여 박사들에게 별이 나타난 때를 자세히 물었습니다. 그리고 찾거든 자기도 경배할 수 있도록 꼭 와서 알려달라고 당부하면서 베들레헴으로 보내었습니다. 하지만 이것은 그들을 이용하여 아이를 실수 없이 찾아내고 은밀하게 제거하기 위해 고도로 계산된 연출이었습니다. 이 때문에 자칫 메시야를 경배하기 위해 온 그들이 메시야를 죽이는 일의 앞잡이가 될 뻔했습니다. 이처럼 진리를 찾는 자도 실수할 수 있습니다. 하지만 동방박사들은 진리와 빛의 인도를 진심으로 원하는 사람들이었습니다. 이 때문에 그들은 한동안 사라졌던 별이 다시 나타나자 매우 크게 기뻐하고 기뻐하였고, 하나님은 이런 그들에게 꿈을 통해 다른 길로 돌아가게 인도하심으로, 헤롯의 음모에 동조자가 되지 않도록 지켜주셨습니다.

요약 하나님은 □□와 □을 구하는 사람은 □□는 할 수 있지만 결코 실패하지 않도록 □□하십니다.

요약 모음

- 예수님은 온 인류의 왕과 제사장과 속죄제물로서 오신 메시야이십니다.
- 교만하고 욕심 많은 자들은 성경을 가지고 있어도 예수님으로부터 가장 멀리 떨어진 사람입니다.
- 하나님은 진리와 빛을 구하는 사람은 실수는 할 수 있지만 결코 실패하지 않도록 인도하십니다.

나눔 오늘 내용을 통해서 새롭게 알게 되었거나 결심한 바가 있으면 나누어 봅시다.

오늘 공부한 내용을 기억하면서 주중에 마태복음 2장 전체를 읽어 봅시다.

짧은 묵상

꽃과 나무에게 태양을 바라고 기다리는 것은 이상하거나 힘든 일이 아니라 천성이며 기쁨입니다. 마찬가지로 우리도 온갖 어두움과 차가움을 가지고 하나님 앞에 나아가 "내 영혼이 빛 되신 당신을 바라봅니다."라고 고백하며 그분을 기다리는 것이 제2의 천성과 최고의 행복이 될 수 있습니다.

예수님이 알려주신 8가지 참된 행복

03

마태복음 5장

으쌰! 팀빌딩

행복한 순간

1. 내가 가장 행복함을 느꼈던 순간은 언제인가요? 함께 나누어 보세요.

이런 말을 들었을 때	
이런 선물을 받았을 때	
이런 배려를 받았을 때	
이런 표정을 지어 주었을 때	
기　타	

오늘 본문은 하나님과의 관계와 사람과의 관계에서 참된 행복이 무엇인지에 대한 예수님의 가르침입니다.

아하! 바이블

먼저 마태복음 5장을 펴 놓으세요.

1. 하나님을 향한 바른 자세와 행복

성구 3 심령이 □□ 한 자는 복이 있나니 □□ 이 그들의 것임이요 4 □□
하는 자는 복이 있나니 그들이 □□ 를 받을 것임이요 5 □□ 한 자는 복이 있나니
그들이 땅을 □□ 으로 받을 것임이요 6 의에 □□□□□□□ 는
복이 있나니 그들이 □□□ 것임이요

첫째, 심령이 가난한 자란 자신의 영적인 비참함을 자각함으로 겸손해진 사람을 가리킵니다. 이런 자들에게 약속된 행복은 천국입니다. 하나님의 다스림 속에 들어갈 수 있는 기본적 조건은 겸손함입니다.

둘째, 애통하는 자란 자신의 죄가 하나님을 슬프게 했음을 깨닫는 사람을 가리킵니다. 이런 자들에게 약속된 행복은 위로입니다. 여기서 위로는 '곁에서 이야기 한다'라는 뜻으로 하나님이 죄를 슬퍼하는 자들에게 가까이 오셔서 사랑의 음성을 들려주심을 의미합니다.

셋째, 온유한 자란 자기의 자아가 전적으로 타락했음을 인정하고 자기 뜻대로 살려는 고집을 포기하는 사람을 가리킵니다. 이런 자들에게 약속된 행복은 그의 나라를 기업으로 받는 것입니다. 참으로 하나님은 자아가 깨어진 사람을 상속자로 삼아 당신의 모든 것을 맡기는 분이십니다.

넷째, 의에 주리고 목마른 자란 하나님의 말씀을 갈망하는 사람을 가리킵니다. 이런 자들에게 약속된 행복은 배부를 정도로 풍성한 하늘의 양식입니다. 오늘도 갈망하는 마음으로 말씀 앞에 서는 자는 절대 주리지 않고 영원히 목마르지 않는 하늘의 공급을 맛보게 될 것입니다.

요약 하나님을 향한 바른 자세 네 가지는 □□□ 과 □ 를 슬퍼함과 □□ 의 깨어짐과 □□ 을 향한 갈망입니다.

2. 사람을 향한 바른 자세와 행복

성구 7 □□히 여기는 자는 복이 있나니 그들이 □□□ □□을 받을
것임이요 8 마음이 □□한 자는 복이 있나니 그들이 □□□을 □ 것
임이요 9 □□하게 하는 자는 복이 있나니 그들이 □□□□ □□이
라 일컬음을 받을 것임이요

첫째, 긍휼히 여기는 자란 연약한 자녀를 바라보는 어머니의 마음으로 타인을 대하는 사람입니다. 이런 자들에게 약속된 행복은 긍휼히 여김을 받는 것입니다. 인간의 모성애와는 비교할 수 없는 긍휼을 가지신 하나님은, 형제된 우리가 서로 긍휼히 여기는 모습을 다른 어떤 것보다 더 좋아하시고 축복하십니다.

둘째, 마음이 청결한 자란 하나님의 말씀에 대해 정직한 반응을 가지는 사람입니다. 이런 자들에게 약속된 행복은 하나님을 볼 수 있는 눈입니다. 하나님을 바로 볼 수 있는 자라야말로 자신을 가장 정확하게 볼 수 있고 세상을 가장 바람직하게 바꿀 수 있는 유일한 사람이 됩니다.

셋째, 화평케 하는 자란 하나님과 사람, 사람과 사람 사이에 막힌 담을 허는 사람입니다. 이런 자들에게 약속된 행복은 하나님의 자녀라는 영광스러운 호칭입니다. 하나님의 아들 예수님이 이 땅에서 하신 일은 바로 화평이었습니다.

요약 사람을 향한 바른 자세 세 가지는 □□히 여기는 마음과 말씀에 □□하게 반응하는 태도와 서로 간의 □□을 위해 힘쓰는 행동입니다.

3. 예수님의 말씀 때문에 박해 받는 행복

성구 10 □를 위하여 □□를 받은 자는 복이 있나니 □□이 그들의 것임이
라 12 □□□□ □□□□ 하늘에서 너희의 □이 큼이라 너
희 전에 있던 선지자들도 이같이 박해하였느니라

팔복의 마지막은 의를 위해 박해받는 자에게 약속된 것입니다. 여기서 '의'란 앞에 나온 일곱 가지의 바른 자세에 대한 '말씀'을 가리킵니다. 예수님의 말씀대로 살려고 하면 많은 박해가 뒤따르게 됩니다. 이런 자들에게 약속된 행복은 그 박해보다 비교할 수 없는 천국의 큰 상입니다. 성도는 자신이 불의하거나 지혜롭지 못함으로 불필요한 비방과 박해를 받지 않도록 노력해야 합니다. 하지만 예수님의 말씀 때문에 당하는 비방과 박해는 기쁘게 받아들여야 합니다.

요약 하나님을 향한 바른 자세와 사람을 향한 바른 자세에 대한 ____ ____ 을 지키기 위해 힘쓰는 자에게는 천국의 ____ ____ 이 준비되어 있습니다.

아자! 라이프

요약 모음

- 하나님을 향한 바른 자세 네 가지는 겸손함과 죄를 슬퍼함과 자아의 깨어짐과 말씀을 향한 갈망입니다.
- 사람을 향한 바른 자세 세 가지는 긍휼히 여기는 마음과 말씀에 정직하게 반응하는 태도와 서로 간의 화평을 위해 힘쓰는 행동입니다.
- 하나님을 향한 바른 자세와 사람을 향한 바른 자세에 대한 말씀을 지키기 위해 힘쓰는 자에게는 천국의 큰 상이 준비되어 있습니다.

나눔 오늘 내용을 통해서 새롭게 알게 되었거나 결심한 바가 있으면 나누어 봅시다.

오늘 공부한 내용을 기억하면서 주중에 마태복음 5장 전체를 읽어 봅시다.

짧은 묵상

신자란 매일의 삶에서 말씀을 통한 주의 정확한 판단을 원하고, 정직한 마음으로 오류를 인정하고, 감사한 마음으로 교정을 단행하는 사람입니다.

율법을 완성하신 예수님

04

마태복음 5장

으쌰! 팀빌딩

평생 배우는 사람 되기

공부란 단순히 학업만을 말하는 것이 아니라 내가 가지는 모든 배움의 과정을 말합니다. 특별히 청소년기는 평생 배우는 사람으로 살아갈 수 있는 성실과 열정과 호기심과 겸손 등의 태도를 집중적으로 훈련하는 시기입니다.

1. 요즘 내가 즐거운 마음으로 배우고 있는 것과 마지 못해 배우고 있는 것은 무엇인가요?

2. 더 나은 미래를 위해 내가 더 배워야 할 것들은 무엇이 있을까요?

오늘 본문은 율법을 알고 있다고 생각하는 사람들에게 예수님께서 십계명의 참된 의미를 다시 가르쳐 주시는 내용입니다.

먼저 마태복음 5장을 펴 놓으세요.

1. 살인과 간음에 대한 재해석

성구 22 나는 너희에게 이르노니 형제에게 노하는 자마다 심판을 받게 되고 형제를 대하여
☐☐ 라 하는 자는 공회에 잡혀가게 되고 ☐☐☐☐ 이라 하는 자는 지옥 불
에 들어가게 되리라 ...... 28 나는 너희에게 이르노니 ☐☐ 을 품고 여자를 ☐☐
☐ 마다 마음에 이미 간음하였느니라

예수님은 율법을 지킨다고 자랑하고 있던 유대인들에게 죄를 깨닫게 하기 위해 율법의 참뜻에 대해 알려주셨습니다. 먼저 예수님은 비록 사람을 죽이지 않았어도, 형제를 향해 '라가'라고 하거나 '미련한 놈'이라고 하는 것 역시 살인이라고 정의하셨습니다. '라가'는 '무가치한'이라는 뜻으로 상대의 인격을 경멸할 때 사용하던 욕설이며, '미련한 놈'은 '지옥에 떨어질 자'라는 의미로 상대방의 영혼을 저주하는 욕설입니다.

또한 예수님은 비록 성적 관계는 갖지 않았다 하더라도 상대를 보고 음욕을 품으면 마음에 이미 간음한 것이라고 말씀하셨습니다. 간음을 금하신 율법의 참뜻은 육체의 순결뿐 아니라 마음의 순결까지 요구하고 있는 것입니다.

요약 상대방의 ☐☐ 과 ☐☐ 을 저주하는 것은 ☐☐ 과 동일한 범죄이며, ☐☐ 의 순결뿐 아니라 ☐☐ 의 순결을 깨트리는 것은 간음과 동일한 범죄입니다.

2. 이웃사랑의 재해석

성구 43 또 네 이웃을 사랑하고 네 ☐☐ 를 ☐☐ 하라 하였다는 것을 너희가 들었
으나 44 나는 너희에게 이르노니 너희 원수를 ☐☐ 하며 너희를 박해하는 자를 위하여
☐☐ 하라

'이웃 사랑'은 율법의 총 요약이라고 할 만큼 중요한 계명입니다. 그런데 유대 율법사들은 이 계명을 해석함에 있어, 그들이 친구로 간주할 수 있는 사람들로만 이웃의 범위를 국한했습니다. 그러다 보니 '이웃을 사랑하라'는 가르침에 '원수를 미워하라'는 가르침을 만들어 덧붙이고 있었습니다. 하지만 예수님은 이 계명의 참뜻이 원수를 사랑하고 박해하는 자를 위해 기도하라는 것임을 분명히 하셨습니다. 우리의 사랑이 자기에게 잘 해주는 자를 사랑하는 정도밖에 안 된다면 세상은 우리가 말하는 하나님의 사랑을 결코 믿지 못할 것입니다.

요약 신자는 선을 ___ 으로 갚는 악마적인 사랑이나, 선을 ___ 으로 갚는 인간적인 사랑이 아니라 악을 ___ 으로 갚을 수 있는 하나님의 사랑을 실천하는 사람입니다.

3. 율법을 완성하러 오신 예수님

성구 17 내가 ___ ___ 이나 선지자를 ___ 하러 온 줄로 생각하지 말라 폐하러 온 것이 아니요 ___ ___ 하게 하려 함이라

예수님은 율법을 폐하기 위함이 아니라 완전하게 하기 위해 오신 분이십니다. 첫째, 예수님은 율법의 참뜻을 완전히 보여주셨습니다. 둘째, 예수님은 율법을 범한 우리가 받을 저주를 전부 대신 받아주셨습니다. 셋째, 예수님은 성령님을 보내주심으로 우리에게 율법을 지킬 수 있는 놀라운 새 힘을 주셨습니다. 과거 우리는 율법을 제대로 알지도 못했고, 죄의 삯은 사망이라는 율법의 저주에서 벗어날 수 없었을 뿐 아니라, 율법을 지킬 수 있는 힘조차 없었습니다. 그러나 이제 우리는 율법을 완성하신 예수님을 통해 말씀에 대한 행복한 순종이 가능한 새 시대를 살게 된 것입니다.

요약 예수님은 율법의 ___ ___ 을 알려주시고 율법의 ___ ___ 를 대신 받으시고 율법을 지킬 수 있는 ___ ___ 을 주심으로 율법을 완전케 하신 분이십니다.

요약 모음

- 상대방의 인격과 영혼을 저주하는 것은 살인과 동일한 범죄이며, 육체의 순결뿐 아니라 마음의 순결을 깨트리는 것은 간음과 동일한 범죄입니다.
- 신자는 선을 악으로 갚는 악마적인 사랑이나, 선을 선으로 갚는 인간적인 사랑이 아니라 악을 선으로 갚을 수 있는 하나님의 사랑을 실천하는 사람입니다.
- 예수님은 율법의 참뜻을 알려주시고 율법의 저주를 대신 받으시고 율법을 지킬 수 있는 새 힘을 주심으로 율법을 완전케 하신 분이십니다.

나눔 오늘 내용을 통해서 새롭게 알게 되었거나 결심한 바가 있으면 나누어 봅시다.

오늘 공부한 내용을 기억하면서 주중에 마태복음 5장 전체를 읽어 봅시다.

짧은 묵상

율법은 우리에게 할 것과 안 할 것을 가르치며 복음은 하나님께서 하신 것과 또 하실 것을 가르칩니다. 율법은 우리에게 죄와 하나님의 노하심을 보여주며 복음은 우리의 대속자와 하나님의 은총을 보여줍니다. 율법은 안심하고 있는 무감각한 의인에게 전해져야 하며 복음은 두려워하고 참회하는 죄인에게 전파되어야 합니다.

예수님이 알려 주신 바른 경건

05

마태복음 6장

으쌰! 팀빌딩

나의 일상은

항목	시간	항목	시간	항목	돈	항목	돈
공부하기		게임/TV 인터넷		식비		옷/신발/ 화장품	
먹기/ 화장실		잠자기		교통비		게임/ 여가활동	
멍때리기/ 수다떨기		말씀과 기도		책값		헌금/ 구제비	

1. 내가 가장 많은 시간과 돈을 쓰는 항목들과 가장 적게 쓰는 항목들은 무엇인가요? 작성한 표를 보면서 어떤 생각이 드는지 나누어 봅시다.

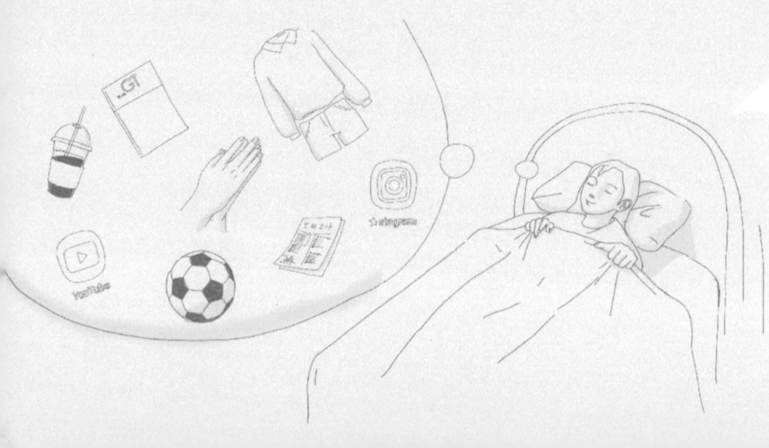

오늘 본문은 건강하고 균형 잡힌 신앙생활과 일상생활에 대한 예수님의 가르침입니다.

먼저 마태복음 6장을 펴 놓으세요.

1. 바른 구제

성구 3 너는 □□ 할 때에 오른손이 하는 것을 왼손이 모르게 하여 4 네 구제함을 □
□ 하게 하라 은밀한 중에 보시는 너의 □□□ 께서 갚으시리라

구제는 가장 중요한 경건의 덕목이었기에 많은 유대인들이 적극적으로 참여하고 있었습니다. 그러나 그들은 구제를 행할 때 나팔을 불어 사람들에게 알리기를 원했습니다. 곧 그들의 구제는 가난한 자들에 대한 사랑으로부터 나온 것이 아니라 순전히 자기과시를 위해 하는 것이었습니다. 예수님은 이런 자들이 이미 자기 상을 받았다고 말씀하십니다. 그러나 만약 우리가 자신이 행한 선행에 별로 관심을 두지 않고 은밀하게 행하면, 하나님께서는 그 일에 관심을 쏟으실 것이며, 우리가 숨어서 구제한 것을 드러내놓고 갚아주실 것입니다.

요약 구제란 □□□□ 가 아니라 가난한 자들을 향한 □□ 에서 나온 은밀한 것이 되어야 합니다.

2. 바른 기도

성구 6 너는 □□ 할 때에 네 골방에 들어가 문을 닫고 □□ 한 중에 계신 네 아버
지께 기도하라 은밀한 중에 보시는 네 아버지께서 갚으시리라 7 또 기도할 때에 이방인과 같
이 □□□□ 하지 말라 그들은 말을 많이 하여야 들으실 줄 생각하느니라

기도 역시 유대인들이 가장 중요하게 생각하는 경건의 덕목이었습니다. 이 때문에 그들은 하루에 세 번씩 시간을 정해 놓고 기도했습니다. 그러다 보니 외식하는 자들은 일부러 기도 시간에 맞추어 사람이 붐비는 큰길 어귀로 나가 큰소리

로 기도하기를 좋아했습니다. 예수님은 이러한 모습을 비판하시면서 골방에 들어가 은밀하게 기도하라고 가르치셨습니다. 기도는 하나님과 기도자 사이의 은밀한 만남의 장이 되어야 하기 때문입니다. 유대인들의 문제점은 기도의 내용에도 있었습니다. 그들의 기도는 자기의 뜻을 주문처럼 계속해서 반복하는 '중언부언'이었습니다. 그러나 하나님은 당신을 인격 없는 우상처럼 여기는 주문 같은 기도가 아니라 인격적인 아버지와 나누는 대화로서의 기도를 원하십니다.

요약 기도는 하나님과 기도자 사이의 □□한 만남의 장이 되어야 하며 □□ □□ 아버지와 나누는 □□가 되어야 합니다.

3. 바른 재물사용

성구 20 오직 너희를 위하여 □□을 □□에 쌓아 두라 거기는 좀이나 동록이 해
하지 못하며 도둑이 구멍을 뚫지도 못하고 도둑질도 못하느니라 21 네 □□ 있는 그 곳
에는 네 □□도 있느니라

예수님께서 보물을 하늘에 쌓아두라고 명하신 이유는 그것이 가장 안전할 뿐 아니라, 그렇게 함으로 우리의 마음이 물질숭배에 메이지 않고 하나님께 가 있을 수 있게 되기 때문입니다.

물질을 바르게 사용하기 위해서 신자가 반드시 명심해야 할 진리는 마치 종이 두 주인을 섬길 수 없듯이 하나님과 재물을 동시에 섬길 수 없다는 사실입니다. 우리는 하나님만 섬기는 사람입니다. 돈은 섬김의 대상이 아니라 부림의 대상일 뿐입니다.

요약 돈은 하나님의 일을 위해 잘 사용할 □□의 대상이지 하나님처럼 □□의 대상이 아닙니다.

요약 모음

- 구제란 자기 과시가 아니라 가난한 자들을 향한 사랑에서 나온 은밀한 것이 되어야 합니다.
- 기도는 하나님과 기도자 사이의 은밀한 만남의 장이 되어야 하며 인격적인 아버지와 나누는 대화가 되어야 합니다.
- 돈은 하나님의 일을 위해 잘 사용할 부림의 대상이지 하나님처럼 섬김의 대상이 아닙니다.

나눔 오늘 내용을 통해서 새롭게 알게 되었거나 결심한 바가 있으면 나누어 봅시다.

오늘 공부한 내용을 기억하면서 주중에 마태복음 6장 전체를 읽어 봅시다.

짧은 묵상

고요란 소리의 없음이 아니라 자기의 없음입니다.

거룩이 크면 클수록 사람의 눈에는 더 적게 뛥니다.

예수님의 제자 되는 기쁨

06

마태복음 9장

오쌰! 팀빌딩

예수님과 대화하기

1. 메시지 대화창에 오늘 내게 주어진 일, 고민거리, 조언이 필요한 문제 등 내가 예수님께 하고 싶은 이야기를 적어보세요.

2. 기도하는 마음으로 예수님이 무슨 대답을 해 주실지 상상해서 스스로 적어보세요.

3. 예수님과의 대화 내용을 발표해 보세요.

오늘 본문은 예수님께서 세리마태를 찾아오셔서 그의 마음속에 있는 열망을 해결해 주신 이야기입니다.

먼저 마태복음 9장을 펴 놓으세요.

1. 나를 따르라

성구 9 예수께서 그 곳을 떠나 지나가시다가 □□ 라 하는 사람이 □□ 에 앉아 있
는 것을 보시고 이르시되 □□ □□□ 하시니 일어나 따르니라

당시 로마의 세금징수는 세금 청부업자를 통해 이루어졌는데 대부분의 세리들은 이 권리를 남용하여 부당하게 재산을 쌓았습니다. 따라서 이들 세리는 민족의 반역자이자, 백성들의 착취자로 낙인 찍혔으며 종교적으로도 죄인 취급을 당했습니다. 그런데 예수님은 세관에 앉아 있는 이런 마태를 제자로 부르셨습니다. 또 그를 부르실 때 책망이나 경고, 혹은 그를 제자로 받아주는 자신의 너그러움에 대한 어떤 과시도 없이 단지 "나를 따르라."고만 말씀하셨습니다. 그런데 사람들은 알지 못했지만 마태의 속마음에는 참된 삶에 대한 누구보다도 강렬한 열망이 있었고, 예수님의 소명에 즉각 순종하게 되었습니다. 사실 다른 복음서의 저자들이 그 세리의 이름을 '레위'라는 지파명으로 부르는데 비해 이 복음서의 기록자인 마태는 자기의 실명을 분명하게 밝히고 있습니다. 여기에는 자기 같은 죄인을 불러주신 예수님의 은혜에 대한 감격이 잘 묻어나고 있습니다.

요약 예수님은 □□ 을 부르러 오신 분이십니다. 예수님의 특기는 죄인을 용납하시고 그의 □□□ 을 헤아리는 것입니다.

2. 죄인의 구주

성구 12 예수께서 들으시고 이르시되 건강한 자에게는 □□ 가 쓸 데 없고 □□
□ 에게라야 쓸 데 있느니라 13 너희는 가서 내가 긍휼을 원하고 제사를 원하지 아니하노라
하신 뜻이 무엇인지 배우라 나는 의인을 부르러 온 것이 아니요 □□ 을 부르러 왔노라

예수님의 부르심에 너무도 감격한 마태는 자기의 친구들을 불러 잔치를 열었고, 그들 중에 마태처럼 예수님을 좇는 자들이 많이 생기게 되었습니다. 하지만 바리새인들은 예수님께서 세리와 죄인들과 어울려 음식을 먹는 것에 대해 비방했습니다. 이에 예수님은 자신이, 스스로 의인이라고 생각하는 사람에게 종교적인 장식 하나를 더 얹어주시기 위해 오신 것이 아니라 마지막 희망을 가지고 수술대에 오르는 환자처럼 절박한 마음을 가진 죄인을 위해 오셨다고 밝혔습니다. 그리고 그들에게 죄인을 향한 긍휼 없는 종교의식을 기뻐하지 않으신다는 하나님의 경고가 무슨 뜻인지 생각해 보라고 책망하셨습니다.

요약 예수님은 절박한 □□에게 쓸데가 있습니다. 하나님은 □□을 종교의식보다 더 원하십니다.

3. 새 부대 같은 마음

성구 17 □ □□□를 □□ □□ □□에 넣지 아니하나니 그렇게 하면 부대가 터져 포도주도 쏟아지고 부대도 버리게 됨이라 새 포도주는 □ □□에 넣어야 둘이 다 보전되느니라

새로 담은 포도주는 발효되면서 부풀어 오르기 때문에 이미 신축성이 없어진 낡은 부대에는 넣지 않습니다. 그렇게 되면 가죽부대가 터져 버리기 때문입니다. 마찬가지로 살아 움직이고 끓어오르는 예수님의 기쁨의 복음은, 낡은 종교의식에 담을 수 없습니다. 새 포도주는 신축성이 있는 새 옷과 새 부대에 어울립니다. 진리를 향한 열린 마음, 자신의 잘못과 선입견을 얼마든지 교정할 수 있는 겸손한 마음이야말로 복음이 들어갈 수 있는 새 가죽 부대입니다.

요약 새 포도주 같은 □□은 새 부대 같이 □□□ 있는 마음에만 담겨질 수 있습니다.

요약 모음

- 예수님은 죄인을 부르러 오신 분이십니다. 예수님의 특기는 죄인을 용납하시고 그의 속마음을 헤아리는 것입니다.
- 예수님은 절박한 죄인에게 쓸데가 있습니다. 하나님은 긍휼을 종교의식보다 더 원하십니다.
- 새 포도주 같은 복음은 새 부대 같이 신축성 있는 마음에만 담겨질 수 있습니다.

나눔 오늘 내용을 통해서 새롭게 알게 되었거나 결심한 바가 있으면 나누어 봅시다.

오늘 공부한 내용을 기억하면서 주중에 마태복음 9장 전체를 읽어 봅시다.

짧은 묵상

그리스도를 따름으로 자기를 잃어버린 사람은 그제야 원래 하나님께서 아신 자기로서 살아갈 수 있는 자유와 단순함을 누리게 됩니다. 이것은 마치 강물이 바다로 들어가 자기를 잃어버리지만 바다의 모든 보물을 안을 수 있게 되는 것처럼 아무것도 아닌 것을 잃고 전부를 얻는 축복입니다.

천국에 대한 예수님의 이야기

07

마태복음 13장

으쌰! 팀빌딩

알곡 줍기 게임

준비물 : 젓가락, 콩, 쌀, 그릇, 타이머

1. 팀원을 똑같이 나누어 두 팀을 만들어 주세요. (짝이 안 맞으면 한 사람은 심판으로)

2. 팀별로 팀원 모두가 나와 60초 안에 바닥에 흩어놓은 콩과 쌀을 팀별 그릇에 옮겨 담는 시합을 합니다. 많이 옮겨 담은 팀이 승리! (점수계산: 콩 1점, 쌀 2점)

오늘 본문은 천국이 어떤 곳이며 어떻게 그것을 차지할 수 있는 지에 대한 예수님의 이야기입니다.

먼저 마태복음 13장을 펴 놓으세요.

1. 좋은 씨와 가라지

성구 24 예수께서 그들 앞에 또 비유를 들어 이르시되 천국은 ___ ___ ___ 를 제 밭에 뿌
린 사람과 같으니 25 사람들이 잘 때에 그 ___ ___ 가 와서 곡식 가운데 ___ ___ ___ 를
덧뿌리고 갔더니

예수님은 천국을 주인이 제 밭에 좋은 씨를 뿌린 것에 비유하고 있습니다. '제 밭'이란 표현은 하나님께서 온 세상에 대해 그의 소유권을 주장하시는 말씀이며, 좋은 씨는 '하나님의 자녀들'인 '교회' 공동체를 말합니다. 하지만 지상교회에는 좋은 씨만 있는 것이 아니고 우리들이 영적으로 잠들어 있을 때 원수들이 덧뿌린 가라지도 있습니다. 가라지는 독보리의 일종으로 목숨을 잃을 수 있을 정도로 해로운 것이지만 그 모습이 곡식과 너무 비슷해서 이삭이 맺히기까지는 좀처럼 구별하기가 어렵습니다. 그러나 추수 때에 가라지를 거두어 불에 사르는 것처럼, 예수님도 마지막 심판의 날에 모든 가라지들을 심판하실 것입니다. 이것이 우리가 현실 교회에 대한 희망을 놓지 않아야 할 이유입니다.

요약 ___ ___ 의 모형이 되어야 할 ___ ___ ___ ___ 에 많은 문제가 있는 이유는 원수가 덧뿌린 ___ ___ ___ 때문입니다.

2. 겨자씨와 누룩 같은 천국

성구 31 또 비유를 들어 이르시되 천국은 마치 사람이 자기 밭에 갖다 심은 ___ ___ ___
한 알 같으니 33 또 비유로 말씀하시되 천국은 마치 여자가 가루 서 말 속에 갖다 넣어 전부 부
풀게 한 ___ ___ 과 같으니라

예수님은 천국을 겨자씨와 누룩에 비유하고 있습니다. 겨자씨는 너무 작지만 다 자라면 4-5미터까지 커져 새들이 깃들일 정도가 된다고 합니다. 가루 서말에 넣은 미미한 양의 누룩은 잔치에 온 모든 사람들이 넉넉히 먹을 떡을 만들 수 있을 만큼 부풀어 오른다고 합니다. 이처럼 하나님 나라는 처음에는 겨자씨나 누룩처럼 작고 미미하게 시작되지만 나중에는 온 세계를 뒤덮을 정도로 커지며 거기에 깃들인 모든 영혼들이 구원의 잔치를 벌이게 만들어 줄 것입니다. 그러므로 우리는 미래의 놀라운 모습을 볼 수 있는 믿음의 눈을 가져야 합니다.

요약 천국은 □□□처럼 작지만 온 세계를 뒤덮을 것이고 □□처럼 부풀어 모든 영혼들이 구원의 잔치를 벌이게 할 것입니다.

2. 다 팔아서 사야 할 천국

성구 44 천국은 마치 밭에 □□□ □□와 같으니 사람이 이를 발견한 후 숨겨
두고 □□□□ 돌아가서 자기의 소유를 □ □□ 그 밭을 사느니라 45 또
천국은 마치 □□ □□를 구하는 장사와 같으니 46 극히 값진 진주 하나를 발견하
매 가서 자기의 소유를 □ □□ 그 진주를 사느니라

예수님은 천국을 어떤 사람이 누군가 전쟁을 피하기 위해 밭에 숨겨둔 보화를 우연히 발견한 경우나, 혹은 좋은 진주를 얻기 위해 열심히 찾아다니던 상인이 결국 세상에서 하나뿐인 값진 진주를 발견한 경우와 같다고 말씀하셨습니다. 이처럼 천국은 우연히 발견하기도 하고, 열심히 찾다가 발견하기도 하지만 둘 다에게 있는 공통점은 그것을 발견한 후에는 '자기의 소유를 다 팔아' 그것을 산다는 것입니다. 천국을 소유하는 데는 전폭적인 헌신이 필요합니다. 하지만 이 같은 헌신에도 불구하고 그들에게는 커다란 기쁨이 있습니다. 천국을 얻기 위해 자기의 모든 것을 포기하는 것은 가장 가치 있는 투자이기 때문입니다.

요약 천국을 □□하는 데는 여러 가지 경우가 있지만 천국을 □□하는 데는 전폭적인 □□이 필요합니다.

요약 모음

- 천국의 모형이 되어야 할 지상교회에 많은 문제가 있는 이유는 원수가 덧뿌린 가라지 때문입니다.
- 천국은 겨자씨처럼 작지만 온 세계를 뒤덮을 것이고 누룩처럼 부풀어 모든 영혼들이 구원의 잔치를 벌이게 할 것입니다.
- 천국을 발견하는 데는 여러 가지 경우가 있지만 천국을 소유하는 데는 전폭적인 헌신이 필요합니다.

나눔 오늘 내용을 통해서 새롭게 알게 되었거나 결심한 바가 있으면 나누어 봅시다.

오늘 공부한 내용을 기억하면서 주중에 마태복음 13장 전체를 읽어 봅시다.

짧은 묵상

"역사를 읽어보면 이생에서 가장 많은 일을 한 그리스도인들은 바로 내생을 가장 많이 생각한 사람들임을 알 수 있다. 그들이 이 땅에 위대한 발자취를 남길 수 있었던 이유는 그들의 마음이 천국에 온통 사로 잡혔기 때문이다. 반대로 이생에서 그리스도인들이 능력을 발휘하지 못하는 것은 그들이 대부분 내세에 관해 생각하기를 중단했기 때문이다. 천국을 목표로 삼으라 그러면 세상을 뒤집어엎을 것이다. 땅을 목표로 삼으라. 그러면 아무것도 이룰 수 없을 것이다" C.S 루이스

교회에 대한 예수님의 가르침

08

마태복음 18장

으쌰! 팀빌딩

끝까지 함께 해 준 친구

1. 가장 힘든 순간에 나와 끝까지 함께 해줬던 친구가 있나요? 그로부터 받았던 위로와 도움들, 혹은 그럼에도 불구하고 아쉬웠던 점들이 있었다면 이야기해 봅시다.

2. 지금 나는 영원토록 가장 좋은 친구가 되어 주실 예수님과 어떤 우정을 나누고 있나요?

오늘 본문은 그리스도의 몸인 교회가 어떤 공동체인지에 대한 예수님의 가르침입니다.

먼저 마태복음 18장을 펴 놓으세요 .

1. 어린아이의 특징을 가진 공동체

성구 3 이르시되 진실로 너희에게 이르노니 너희가 돌이켜 □□ □□ 들과 같이
되지 아니하면 결단코 천국에 □□□□ 못하리라 4 그러므로 누구든지 이 어린
아이와 같이 자기를 낮추는 사람이 천국에서 □ □ 니라

지상에서 맛보는 작은 천국이 되어야 할 교회의 구성원이 되는 조건은 돌이켜 어린 아이와 같이 되는 사람입니다. 이것은 고의적인 의심이나 이기적인 계산 없이 순수하게 말씀을 받아들이는 어린 아이의 특징을 말하는 것입니다. 또한 이것은 부모 없이는 안 된다는 생각으로 절대적으로 의지하고, 부모에 대한 믿음 때문에 근심 없이 기뻐하는 어린 아이처럼 하나님을 대하는 특징을 말하는 것이기도 합니다. 예수님은 이처럼 어린 아이같이 자기를 낮추는 사람이 큰 자가 되고 많은 사람을 섬기는 공동체가 바른 교회라고 알려 주셨습니다.

요약 교회는 순수한 마음으로 □□ 을 받아들이고 하나님을 절대적으로 □□ 하고 그분에 대한 믿음 때문에 □□ 하는 사람들의 공동체입니다.

2. 작은 자를 소중히 여기는 공동체

성구 5 또 누구든지 내 이름으로 이런 □□ □□ 하나를 □□ 하면 곧 나를
영접함이니 6 누구든지 나를 믿는 이 작은 자 중 하나를 □□ 하게 하면 차라리 연자 맷
돌이 그 목에 달려서 깊은 바다에 빠뜨려지는 것이 나으니라 10 삼가 이 작은 자 중의 하나도
업신여기지 말라 너희에게 말하노니 □□□ □□ 들이 하늘에서 하늘에 계신
내 아버지의 얼굴을 □□ 뵈옵느니라

예수님 당시 어린 아이는 한 인격체로 인정받지 못하고 무시당하고 힘없는 모든 작은 자의 대명사였습니다. 그런데 예수님은 이런 어린 아이 하나를 영접하는 것은 곧 당신을 영접하는 것과 같고, 아이 하나를 실족하게 하는 것은 준엄한 심판을 피할 수 없는 일이라고도 경고하셨습니다. 왜냐하면 하나님은 바로 이런 작은 자 하나에 대해서도 천사를 통해 항상 보고를 받는 분이시기 때문입니다. 우리가 함부로 대해도 괜찮은 존재는 아무도 없습니다.

요약 교회는 ＿＿ ＿ 를 예수님처럼 귀히 여기고 ＿＿ 하는 공동체입니다.

3. 용서받은 자로서 용서하는 공동체

성구
21 그 때에 베드로가 나아와 이르되 주여 형제가 내게 죄를 범하면 몇 번이나 ＿＿
하여 주리이까 ＿＿ ＿ 까지 하오리이까 22 예수께서 이르시되 네게 이르노니 일곱
번뿐 아니라 ＿＿ ＿＿ ＿＿ ＿ 까지라도 할지니라

예수님은 형제의 잘못을 일곱 번까지 용서하면 되느냐는 베드로의 질문에 490번까지라도 용서하라고 대답하셨습니다.
그리고 이같이 끝없는 용서의 당위성을 말씀하기 위해 두 사람의 채무자 이야기를 들려주셨습니다. 먼저 등장하는 채무자는 왕에게 10,000 달란트 빚진 자입니다. 1 달란트가 대략 20년 연봉에 해당하는 돈임을 생각할 때 이는 정말 천문학적인 액수입니다. 여기서 10,000 달란트의 빚은 자신의 힘으로는 결코 갚을 수 없는 커다란 우리의 죄악을 상징하는 것입니다. 하지만 하나님은 이 같은 우리의 빚을 예수님께 모두 지우심으로 감면해 주셨습니다.
두 번째 등장하는 채무자는 바로 그 10,000 달란트 감면 받은 사람에게 100 데나리온 빚진 동료입니다. 데나리온은 노동자의 하루 일당에 해당하는 돈으로, 10,000 달란트에 비하면 60만분의 1 정도에 해당하는 금액입니다. 여기서

100 데나리온의 빚은 가족과 친구와 이웃에게 우리에게 범하는 잘못과 실수를 상징하는 것입니다. 우리는 모두는 하나님으로부터 10,000달란트의 감면 받은 빚이 있고, 누군가에게는 100 데나리온의 돌려받을 빚이 있습니다. 그러므로 우리는 이웃을 용서해야 할 당위성을 가진 사람들입니다.

요약 교회는 ___ 으로부터 받은 헤아릴 수 없는 ___ 로 인해 ___ 의 잘못을 기꺼이 용서하는 공동체입니다.

아자! 라이프

요약 모음

- 교회는 순수한 마음으로 말씀을 받아들이고 하나님을 절대적으로 의지하고 그분에 대한 믿음 때문에 기뻐하는 사람들의 공동체입니다.
- 교회는 작은 자를 예수님처럼 귀히 여기고 영접하는 공동체입니다.
- 교회는 하나님으로부터 받은 헤아릴 수 없는 용서로 인해 서로의 잘못을 기꺼이 용서하는 공동체입니다.

나눔 오늘 내용을 통해서 새롭게 알게 되었거나 결심한 바가 있으면 나누어 봅시다.

오늘 공부한 내용을 기억하면서 주중에 마태복음 18장 전체를 읽어 봅시다.

짧은 묵상

용서를 통하여 치유 받는 최초의, 그리고 많은 경우 유일한 사람은 바로 용서하는 자신입니다. 용서 없이는 과거라는 괴물이 언제 일어나 미래까지 삼킬지 모릅니다.

예수님이 알려주신 하나님의 마음

09

마태복음 20장

으쌰! 팀빌딩

친구의 성장 도와주기

1. 내 주변에 성장이 필요한 사람은 누구인가요? 그 사람이 어떤 모습으로 성장하기를 기대하나요?

2. 건강하게 성장하는 사람이 다른 사람의 성장을 도울 수 있어요. 그렇다면 나 자신의 성장을 위해 노력해야 할 부분은 무엇인가요?

오늘 본문은 하나님의 긍휼을 입은 우리가 다른 사람을 향해 어떤 눈과 마음을 가져야 할지에 대한 예수님의 이야기입니다.

아하! 바이블

먼저 마태복음 20장을 펴 놓으세요.

1. 긍휼의 마음으로 품꾼을 부르신 하나님

성구 1 천국은 마치 ___ ___ 을 얻어 포도원에 들여보내려고 ___ ___ ___ ___ 에 나
간 ___ ___ ___ 과 같으니 2 그가 하루 ___ ___ ___ ___ ___ 씩 품꾼들과 약속하여
포도원에 들여보내고

성구 6 ___ ___ ___ ___ 에도 나가 보니 서 있는 사람들이 또 있는지라 이르되 너희는 어
찌하여 종일토록 놀고 여기 서 있느냐 7 이르되 우리를 품꾼으로 ___ ___ ___ 가 없음이
니이다 이르되 너희도 포도원에 들어가라 하니라

예수님은 오전 6시에 나가 품꾼을 들여보내려는 한 포도원주인 이야기를 하고 있습니다. 당시의 정상적인 하루 노동시간은 아침 6시에서 저녁 6시까지의 12시간이었으며, 그것에 대한 일당은 한 데나리온이었습니다. 그런데 이 주인은 오전 9시(제삼시)와 낮 12시(제육시), 오후 3시(제구시)에도 장터에 나가 놀고 있는 사람들에게 적당한 임금을 약속하고 포도원으로 들여보냈고 심지어 일과가 마치기 1시간 전인 오후 5시(제십일시)에도 배회하는 사람들을 포도원에 들어가게 했습니다. 당시는 노동자들이 일자리 구하기가 쉽지 않았는데, 하루 일을 하지 못하면 온 가족이 굶을 수밖에 없기 때문입니다. 이처럼 긍휼이 많으신 주인이 바로 천국의 주인이신 우리의 하늘 아버지이십니다.

요약 하나님께서 우리를 ___ ___ 으로 부르시는 이유는 그분의 많은 ___ ___ 때문입니다.

2. 긍휼 없이 동료를 바라보는 품꾼들

성구 9 ___ ___ ___ ___ 에 온 자들이 와서 ___ ___ ___ ___ ___ 씩을 받거늘 10

□□ □□□ 이 와서 더 받을 줄 알았더니 그들도 □ □□□□
씩 받은지라 11 받은 후 집 주인을 □□ 하여 이르되 12 나중 온 이 사람들은 한 시간밖에
일하지 아니하였거늘 그들을 종일 수고하며 더위를 견딘 우리와 같게 하였나이다 13 주인
이 그 중의 한 사람에게 대답하여 이르되 친구여 내가 네게 잘못한 것이 없노라 네가 나와
□ □□□□ 의 □□ 을 하지 아니하였느냐

한 시간 밖에 일하지 못한 품꾼은 당연히 한 데나리온에서 자기가 채우지 못한 시간만큼을 감하고 받을 걸로 예상하고 있었을 것입니다. 그런데 주인은 그에게 온전한 하루 품삯을 주었습니다. 그리고 이 기준은 정상적인 노동시간을 채우지 못한 다른 모든 일꾼들에게도 동일하게 적용되었습니다. 그러자 노동시간을 다 채운 오전 6시에 들어온 품꾼은 불평을 늘어놓기 시작했고, 이 같은 원망에는 오전 9시, 낮 12시, 심지어 오후 3시에 들어온 사람까지 동참하게 되었습니다. 그러나 사실 생각해보면 주인이 그들과의 약속을 위반하고 임금을 적게 준 것도 아니고, 경제적인 손해를 본 사람도 주인이었기 때문에 저들의 원망은 정당한 것이 아닙니다. 그럼에도 그들이 불평한 이유는 자기와 비슷하게 딱한 처지에 있는 동료에 대한 긍휼의 눈이 없었기 때문입니다.

요약 하나님은 우리를 □□ 히 여기시지만 정작 우리는 자기와 비슷하게 딱한 처지에 있는 □□ 를 향한 긍휼의 눈이 없을 때가 많습니다.

3. 하나님의 긍휼을 잊지 말라

성구 15 □ □ 을 가지고 □ □ 대로 할 것이 아니냐 내가 선하므로 네가 악하게 보
느냐 16 이와 같이 □□ 된 자로서 먼저 되고 □□ 된 자로서 나중 되리라

천국은 이 비유에 나오는 포도원과 마찬가지로 자기의 공로가 아니라 하나님의 긍휼로 들어가는 곳입니다. 그리고 이 사실을 잊지 않는 감격과 그로 말미암

는 너그러움이 천국을 천국으로 만드는 것입니다. 그런데 포도원에 먼저 들어갈 기회를 얻은 품꾼들은 처음에는 채용된 것에 감격하고 자기를 불러준 주인의 긍휼에 감격하며 일했지만 나중에는 다른 품꾼들보다 더 많이 일한 자기의 공로에 집중함으로 교만과 불만만 남게 되었습니다. 이에 예수님은 먼저 된 자가 도리어 나중 될 수 있다는 경고로 이 비유를 결론짓고 있습니다.

요약 하나님의 일에 사용 받는 사람이 항상 가져야 할 마음은 하나님의 긍휼에 대한 ____과, 거저 받은 것을 거저 나누어주려는 ________입니다.

아자! 라이프

요약 모음

- 하나님께서 우리를 품꾼으로 부르시는 이유는 그분의 많은 긍휼 때문입니다.
- 하나님은 우리를 긍휼히 여기시지만 정작 우리는 자기와 비슷하게 딱한 처지에 있는 동료를 향한 긍휼의 눈이 없을 때가 많습니다.
- 하나님의 일에 사용 받는 사람이 항상 가져야 할 마음은 하나님의 긍휼에 대한 감격과, 거저 받은 것을 거저 나누어주려는 너그러움입니다.

나눔 오늘 내용을 통해서 새롭게 알게 되었거나 결심한 바가 있으면 나누어 봅시다.

오늘 공부한 내용을 기억하면서 주중에 마태복음 20장 전체를 읽어 봅시다.

짧은 묵상

기독교인을 향한 가장 날카로운 비판은 기독교인들은 속이 좁고 째째하다는 말입니다. 하나님의 자녀라는 신자의 마음이 자기 자신 외에는 하나도 품을 여지가 없을 정도로 쪼그라들어있는 것은 세상에서 가장 비참한 일입니다. 신앙은 하나님을 닮는 것입니다. 그러므로 모든 사람들 가운데 그리스도인은 가장 넓고 따뜻한 마음을 가져야만 합니다.

예수님이 말씀하신 천국의 혼인잔치

10

마태복음 22장

으쌰! 팀빌딩

오해와 이해사이

오해+오해 이해+이해 오해+이해

1. 혹시 내가 누구를 오해했는데, 그 사람이 나를 이해해주었거나 반대로 누가 나를 오해했는데, 내가 그를 이해해 준 적이 있나요?

2. 그럴 때 관계는 어떻게 되었으며 어떤 교훈을 받았나요?

오늘 본문은 하나님과 천국을 향해 신자들이 가지고 있는 오해들을 풀기 위해 예수님이 들려주신 이야기입니다.

먼저 마태복음 22장을 펴 놓으세요.

1. 혼인잔치에의 초청

성구 2 ____ 은 마치 ____ ____ 을 위하여 ____ ____ 를 베푼 어
떤 ____ 과 같으니

예수님은 천국을 왕자의 혼인잔치에 초청받은 것에 비유하고 있습니다. 보통 왕자의 혼인 잔치는 그가 왕관을 이어 받을 대관식이 가까웠음을 알리는 행사이기도 했습니다. 임금은 이 잔치를 위해 백성들에게 짐을 지우는 것이 아니라, 자신의 것으로 백성들을 위하여 모든 것을 넉넉하게 준비를 했습니다. 이 같은 은혜로운 천국의 혼인 잔치에 초청받는 것은 놀라운 행복입니다. “천사가 내게 말하기를 기록하라 어린 양의 혼인 잔치에 청함을 받은 자들은 복이 있도다 하고 또 내게 말하되 이것은 하나님의 참되신 말씀이라 하기로”(계 19:9)

요약 천국은 하나님의 ____ 이요 만민의 ____ 이 되신 예수님과 우리가 하나 되는 곳이기에 ____ 이며, 그분과 기쁨의 교제를 나누는 곳이기에 ____ 라고 할 수 있습니다.

2. 초청에 대한 거부와 살의

성구 5 그들이 돌아 보지도 않고 한 사람은 ____ ____ 으로, 한 사람은 ____ ____
하러 가고 6 그 남은 자들은 종들을 잡아 ____ 하고 ____ ____

임금은 혼인 잔칫날이 되자 미리 초청되었던 사람들을 부르러 종들을 보내었습니다. 그런데 백성들은 여러 가지 핑계를 대면서 오기를 싫어했고, 심지어 종들

을 잡아 모욕하고 죽이기까지 했습니다. 이렇게 한 가장 큰 이유는 왕의 아들의 대관식을 원치 않았기 때문입니다.

"그런데 그 백성이 그를 미워하여 사자를 뒤로 보내어 이르되 우리는 이 사람이 우리의 왕 됨을 원하지 아니하나이다 하였더라"(눅 19:14). 이에 왕은 군대를 보내어 교만으로 인하여 끝까지 반역하는 무리들을 진멸하고 불살랐습니다.

요약 예수님의 □ 되심을 싫어하고 스스로가 왕이 되려는 □□ 한 자들은 천국의 혼인잔치 초청을 거절하게 됩니다.

3. 청함 받은 자와 택함 받은 자

성구 12 이르되 친구여 어찌하여 □□ 을 입지 않고 여기 들어왔느냐 하니 그가 아무 말
도 못하거늘 13 임금이 사환들에게 말하되 그 손발을 묶어 바깥 어두운 데에 내던지라 거기서
슬피 울며 이를 갈게 되리라 하니라 14 □□ 을 받은 자는 많되 □□ 을 입은 자는
적으니라

임금은 먼저 초청받은 사람들의 거부로 인해 빈자리가 생기자 종들에게 모든 사람을 만나는 대로 혼인 잔치에 초청케 했습니다. 그리하여 자격이 전혀 안되던 사람들도 혼인잔치의 초청과 함께 거기에 걸맞는 예복까지 받게 되었습니다. 유대에서는 초청한 손님에게는 미리 예복도 보내기 때문입니다. 그런데 혼인잔치 자리에는 예복을 입지 않고 온 사람이 있었고, 결국 그는 "왜 예복을 입지 않았느냐"는 임금의 물음 앞에 아무 말도 하지 못하고 수치 가운데 그 자리에서 쫓겨나게 되었습니다. 천국의 초청은 누구에게나 열려있습니다. 그러나 거룩함이라는 하나님께서 주신 예복이 없이는 어느 누구도 그곳에 거할 수 없습니다.

요약 천국의 혼인잔치에 □□ 을 받은 우리는 □□ 의 옷을 입음으로 그것에 참여할 수 있는 자로 □□ 을 받아야만 합니다.

요약 모음

- 천국은 하나님의 아들이요 만민의 왕이 되신 예수님과 우리가 하나 되는 곳이기에 혼인이며, 그분과 기쁨의 교제를 나누는 곳이기에 잔치라고 할 수 있습니다.
- 예수님의 왕 되심을 싫어하고 스스로가 왕이 되려는 교만한 자들은 천국의 혼인잔치 초청을 거절하게 됩니다.
- 천국의 혼인잔치에 청함을 받은 우리는 거룩의 옷을 입음으로 그것에 참여할 수 있는 자로 택함을 받아야만 합니다.

나눔 오늘 내용을 통해서 새롭게 알게 되었거나 결심한 바가 있으면 나누어 봅시다.

오늘 공부한 내용을 기억하면서 주중에 마태복음 22장 전체를 읽어 봅시다.

짧은 묵상

하나님께서 우리를 향해 가지고 계신 구원의 계획은 단지 지옥에서 천국으로의 구원뿐 아니라 부정에서 거룩으로의 구원까지 포함하는 것입니다.

거룩은 구원의 궁극적인 목적이며 거룩 없는 구원은 구원이 아닙니다. 자녀가 부모를 닮는 것처럼 우리는 하나님 아버지의 거룩하심을 닮아야만 합니다.

천국상급에 대한 예수님의 이야기

11

마태복음 25장

으쌰! 팀빌딩

나의 부르심 찾기

1. 하나님은 우리가 잘하고 좋아하는 것으로 세상을 유익하게 하는 삶을 살기를 기대하고 계세요. 나의 부르심이 무엇인지 찾아봅시다.

	잘하는 것	좋아하는 것	잘하고 좋아하는 것
1			
2			
3			

오늘 본문은 하나님께서 우리에게 맡겨주신 재능과 은사를 어떻게 하면 잘 선용할 수 있는지에 대한 예수님의 이야기입니다.

아하! 바이블

먼저 마태복음 25장을 펴 놓으세요.

1. 하나님의 맡김

성구 14 또 어떤 사람이 타국에 갈 때 그 종들을 불러 ____ 를 맡김과 같으니
15 각각 그 ____ 한 사람에게는 금 다섯 달란트를, 한 사람에게는 두 달란트
를, 한 사람에게는 한 달란트를 주고 떠났더니

예수님은 멀리 타국으로 가는 주인이 그의 종들에게 자기의 소유를 맡기는 이야기를 들려주셨습니다. 한 달란트는 6,000일의 급여 곧 평범한 직장인의 20년 치 연봉에 해당하는 거액입니다. 그런데 주인이 이 달란트를 다르게 맡기는 기준은 각각 그 재능대로였습니다. 이 말은 주인이 종 개개인의 재능을 잘 알고 있었다는 뜻입니다. 사실 지금 내가 자기 것인 양 쓰고 있는 시간과 물질과 건강은 모두 하나님의 것이요, 나를 가장 잘 아시는 주인께서 내게 가장 적당한 것으로 맡겨 주신 사명입니다.

요약 나에게 있는 모든 것은 ___ 의 것이요 나를 가장 잘 아시는 주인께서 맡겨 주신 __ 입니다.

2. 하나님의 결산

성구 20 다섯 달란트 받았던 자는 다섯 달란트를 더 가지고 와서 이르되 주인이여 내게 다섯
달란트를 주셨는데 보소서 내가 ______ 를 남겼나이다 21 그 주인
이 이르되 잘하였도다 착하고 충성된 종아 네가 ___ 에 __ 하였으매 내가
많은 것을 네게 맡기리니 네 주인의 즐거움에 참여할지어다 하고

오랜 후에 주인이 돌아와서 결산을 할 때 다섯 달란트를 맡았다가 갑절을 남긴

종에게 적은 일에 충성하였다고 칭찬하셨습니다. 그런데 사실 다섯 달란트는 엄청난 액수입니다. 그럼에도 불구하고 이렇게 칭찬하신 이유는 주인이 그 종의 재능을 검증하기 위해 아주 적은 일부터 여러 차례 일들을 맡겼을 텐데, 그때마다 이 종은 주인의 입에 충성되다는 칭찬이 붙을 만큼 변함없이 꾸준했기 때문일 것입니다. 또한 적은 일에 충성하였다는 이 칭찬은 하나님의 기준이 세상의 기준과 다름을 보여주는 것이기도 합니다. 세상에서는 큰일을 탁월하게 하거나 열심히 했을 때 칭찬합니다. 그러나 하나님은 비록 적은 일을 맡았더라도 변함없는 꾸준함으로 하는 것을 칭찬하시는 분이십니다.

요약 착하고 충성된 종은 비록 □□ □이라도 자기에게 맡겨진 것에 대해 주인의 입에 □□ 되다는 칭찬이 입에 붙을 만큼 변함없이 꾸준한 사람입니다.

3. 하나님의 심판

성구 24 □ □□□ 받았던 자는 와서 이르되 주인이여 당신은 □□ □
□이라 심지 않은 데서 거두고 헤치지 않은 데서 모으는 줄을 내가 알았으므로 25 두려워
하여 나가서 당신의 달란트를 □□ 감추어 두었었나이다 보소서 당신의 것을 가지셨나
이다

한 달란트 받았던 종은 주인의 성품이 인색하여, 투자도 하지 않고 결과를 요구하는 욕심쟁이라고 비난했습니다. 그러면서 자신이 달란트를 묻어 둔 것은 주인의 그런 성품을 고려할 때 최선의 행동이었다고 합리화했습니다. 하지만 사실 한 달란트가 얼마나 큰 액수인지를 생각한다면 주인에 대한 그의 비난은 근거가 없습니다. 또한 은행에 맡겨두면 이자라도 나오는 것을 생각할 때 그의 행동이 결코 최선이 아님도 알게 됩니다. 이 종이 이런 태도를 취했던 이유는 스스로에게 속고 있기 때문입니다. 그는 틀림없이 작은 일을 맡았을 때부터 불성실했

을 것이고, 그 결과 주인의 책망을 받았을 것입니다. 그런데 그는 이 같은 책망 앞에서 자기의 잘못을 돌아보기는커녕 주인 탓을 하면서 점점 주인에 대한 부정적인 생각을 쌓아갔을 것입니다.

요약 악하고 게으른 종은 ____ ____ 앞에서 자기의 잘못을 돌아보기는커녕 하나님을 탓하며 그분에 대한 ____ ____ ____ ____ 생각을 쌓는 사람입니다.

아자! 라이프

요약 모음

- 나에게 있는 모든 것은 하나님의 것이요 나를 가장 잘 아시는 주인께서 맡겨주신 사명입니다.
- 착하고 충성된 종은 비록 적은 일이라도 자기에게 맡겨진 것에 대해 주인의 입에 충성되다는 칭찬이 입에 붙을 만큼 변함없이 꾸준한 사람입니다.
- 악하고 게으른 종은 책망 앞에서 자기의 잘못을 돌아보기는커녕 하나님을 탓하며 그분에 대한 부정적인 생각을 쌓는 사람입니다.

나눔 오늘 내용을 통해서 새롭게 알게 되었거나 결심한 바가 있으면 나누어 봅시다.

오늘 공부한 내용을 기억하면서 주중에 마태복음 25장 전체를 읽어 봅시다.

짧은 묵상

어떤 일을 앞두고 망설일 때 기억해야 합니다. 온 몸을 바쳐 일할 때 하나님도 함께 한다는 사실입니다. 용기를 가지고 뛰어들면 일을 시작하지 않았을 때는 없었던 여러 가지 놀라운 힘과 지혜가 끊임없이 생겨나게 되어, 예기치 못했던 갖가지 도움이 펼쳐지게 될 것입니다. 괴테는 이렇게 말했습니다. “무슨 꿈을 꾸건 그것을 시작해 보라 용감함에는 천재성과 능력과 기적이 들어있다!”

예수님이 맡기신 제자 삼는 명령

12

마태복음 28장

으쌰! 팀빌딩

장애물 넘어서기

1. 아래의 통화 내용은 친구들이 예배하러 나올 때 흔히 겪는 장애물을 표현한 것입니다. 내가 B라면 어떻게 A가 장애물을 넘어설 수 있도록 도울지 대화를 완성해 보세요.

A : "친한 사람이 없어서 못가" B :	A : "아빠가 교회에 절대 못 가게 하셔…" B :
A : "유일하게 늦잠 잘 수 있는 날이잖아… 자느라 못가" B :	A : "나 같은 사람이 어떻게 교회에 가냐… 하나님도 날 싫어 할거야" B :

2. 예배하러 나올 때 내가 겪는 가장 큰 장애물은 무엇인가요?

오늘 본문은 어떻게 장애물을 뛰어넘어 참된 제자가 될 수 있는지에 대한 예수님의 가르침입니다.

먼저 마태복음 28장을 펴 놓으세요.

1. 예수를 향한 멈출 수 없는 발걸음

성구 1 안식일이 다 지나고 안식 후 첫날이 되려는 새벽에 막달라 마리아와 다른 마리아가
___ ___ 을 보려고 갔더니 2 큰 지진이 나며 주의 천사가 하늘로부터 내려와 ___ 을 굴려
내고 그 위에 앉았는데

막달라 마리아와 다른 마리아를 비롯한 여인들은 안식 후 첫날 새벽 예수님의 시신에 향유라도 발라드리기 위해 무덤으로 향했습니다. 하지만 사실 그녀들에게는 무덤의 큰 돌문을 어떻게 옮길지에 대한 대책도 없었습니다. 게다가 예수님의 무덤은 아무도 열 수 없도록 봉인된 상태에서 군인들에 의해 지켜지고 있었습니다. 하지만 이 같은 장애물에도 불구하고 예수님을 향한 사랑 때문에 그녀들은 발걸음을 멈출 수 없었습니다. 그런데 이렇게 갔던 그녀들 앞에는 모든 장애물들이 다 치워져 있었습니다.

요약 예수님을 향한 ___ ___ 의 발걸음은 어떤 ___ ___ ___ 도 멈출 수 없습니다.

2. 제자들을 향한 포기할 수 없는 부르심

성구 10 이에 ___ ___ 께서 이르시되 무서워하지 말라 가서 내 형제들에게 ___ ___
___ 로 가라 하라 거기서 나를 보리라 하시니라

예수님의 부활소식과 함께 빈 무덤을 눈으로 확인케 한 천사는 "제자들에게 가서 예수님이 그들보다 먼저 갈릴리로 가셔서 가다리신다"라는 말을 전하게 했습니다. 이 때문에 큰 기쁨과 무서움을 동시에 가지고 되돌아가던 이 여인들에게 이번에는 예수님께서 직접 나타나 위로해 주시면서 다시 한번 "가서 내 형제

들에게 갈릴리로 가라 하라"고 말씀하셨습니다. 제자들을 처음 부르셨던 갈릴리에서 다시 만나시겠다는 메시지를 두 번이나 전하게 하신 것은 예수님께서 그들을 향한 부르심을 결코 포기하지 않을 것임을 분명히 하시는 것입니다.

요약 예수님의 □□□은 우리의 어떤 실패에도 □□될 수 없습니다.

3. 가서 모든 민족으로 제자를 삼으라

성구 18 예수께서 나아와 말씀하여 이르시되 하늘과 땅의 모든 □□를 □□ 주
셨으니 19 그러므로 너희는 가서 모든 민족을 □□로 삼아 아버지와 아들과 성령의 이
름으로 □□를 베풀고 20 내가 너희에게 분부한 모든 것을 □□□ □□
□ □□ 볼지어다 내가 세상 끝날까지 너희와 항상 함께 있으리라 하시니라

예수님은 자신이 아버지께로부터 하늘과 땅의 모든 권세를 받으셨다고 선포하고 있습니다. 인류를 대신하여 돌아가시고 인류를 대표해서 부활하신 예수님께 인류에 대한 심판의 전권이 주어진 것은 합당한 일입니다. 이어서 예수님은 그의 제자들에게 모든 민족으로 제자를 삼으라는 명령을 주셨습니다. 제자가 어떤 사람인지는 '세례를 베풀고', '가르쳐', '지키게 하라'는 세 가지 명령을 통해 잘 알 수 있습니다. 첫째, 제자란 세례를 받은 자 곧 예수님과 합하여 죽고 예수님께 자기의 주권을 온전히 넘긴 사람입니다. 둘째, 제자란 가르침을 받는 자 곧 날마다 예수님의 말씀을 배워서 실천하는 사람입니다. 셋째, 제자란 지키게 하는 자 곧 자기에게 분부된 모든 것을 다른 사람들도 지킬 수 있도록 재생산의 삶을 사는 사람입니다. 예수님은 이 지상대명령을 준행하는 자에게 세상 끝 날까지 항상 함께 하시겠다는 든든한 보장을 주고 계십니다.

요약 제자란 예수님께 자기의 □□을 온전히 넘기고 □□을 배워서 실천하며 분부된 모든 것을 다른 사람들에게도 지킬 수 있도록 □□□의 삶을 사는 사람입니다.

요약 모음

- 사랑의 발걸음은 어떤 장애물도 멈출 수 없습니다.
- 우리를 향한 예수님의 부르심은 우리의 어떤 실패에도 포기될 수 없습니다.
- 제자란 예수님께 자기의 주권을 온전히 넘기고 말씀을 배워서 실천하며 분부된 모든 것을 다른 사람들에게도 다른 사람들에게도 지킬 수 있도록 재생산의 삶을 사는 사람입니다.

나눔 오늘 내용을 통해서 새롭게 알게 되었거나 결심한 바가 있으면 나누어 봅시다.

오늘 공부한 내용을 기억하면서 주중에 마태복음 28장 전체를 읽어 봅시다.

짧은 묵상

하나님의 명확한 뜻은 모든 사람이 구원을 받으며 진리에 이르기를 원하시는 것입니다. 우리는 이 하나님의 뜻으로 구원받았으며 이 하나님의 뜻을 위해 중보해야 할 사람입니다. 교회는 모든 인류의 구원을 위해 기도하는 공동체가 되어야 합니다. 이방인에 대한 관심을 잃어버린 교회는 나침판을 잃어버린 배와 같습니다.

마태의 비교

지저스 리포트 ❶

1판 1쇄 발행 2020년 3월 1일

지은이 권지현 • 다세연

발행인 권지현
편집 배경화
디자인 서은진
일러스트 유미솔 yoo101092@gmail.com

펴낸곳 지티엠
등록 제10–0763호
주소 05691 서울시 송파구 가락로 5길 13–7
전화 02–453–3818
홈페이지 www.gtm.or.kr

ISBN 978–89–85447–97–3 [44230]
978–89–85447–96–6

본 출판물은 저작권법에 의해 보호를 받으며 무단 전재와 무단 복제를 할 수 없습니다.